TU DIR GUT

von Gerd Steinkoenig

Der dritte Teil von meinem Leben

(Lebenssonne Gerd)

VORWORT

Am letzten Freitag war ich im Thalia - eigentlich wegen einer DVD (The Warriors). Aber ich hab nach langer Zeit den Geruch von Büchern geschnuppert! So viele Bücher auf einmal = großer sehnsüchtiger Geruch nach Leben, Neugierde, Fantasie!

Foto: der Autor vom 22. Januar 2013

MUSIC WAS (IS) MY FIRST (LAST) LOVE

Gerd SteinkoenigGood Old RockMusic

4. März 2013 ·

Über 1000 Tonträger, ca 2000 Std CD-Musik auf Sticks, über 40 Musikbücher - und natürlich Musikfachblätter von Rolling Stone bis Good Times, von Musikexpress bis Eclipsed... "Music Was My First Love" (John Miles 1976)

----

10 Jahre später... Die Musik-Sticks sind alle weg (2014), meine Vinyl-Alben sind zu 99,5 % weg (Dezember 2017)!! Aderlass... Trotzdem bin ich natürlich ein Sammler (kein Jäger). In letzter Zeit hab ich mit meiner CD-Sammlung nachgeholt - was Vinyl war, ist nun CD: von Genesis, Pink Floyd, Steve Hackett, Peter Gabriel, Deep Purple, Mike Oldfield, Fleetwood Mac, Toto und und... Ich bin mittlerweile ruhiger geworden - sonst würde ich ewig sammeln (immer noch nicht die Joshua Tree von U 2 etc etc etc...).

----

5. Mai 2021

Gefühlsmusik ohne Zukunftsweg?

Gefühlsmusik JAA!! Zukunft mit Musik?? Leider nein! ROCK & POPMUSIK GEBOREN 1955 MIT ROCK AROUND THE CLOCK, GESTORBEN 1991 MIT NEVERMIND/NIRVANA?

Natürlich ist es individuell was mit mir ist, was mit Bj 1990 ist, was Bj 2008 ist. Aber Musik ist in einer Einbahnstraße mit Wegwerfmusik, Müllstreaming, 5 Minuten-Ruhm von einer Single, Album iss nix mehr....

'In den 60ern, 70ern und 80ern des 20. Jahrhunderts war ein Musikalbum Kunstwerk. Da gab es auch Hitsampler oder ein Hypestar mit 2 Singles und dazu Schrottsongs. Es gab viel Experimente, Idealismus, über den Horizont sehend. Prog-Rock, Psycholdelic-Rock, Country-Rock, Jazz-Rock, guter Pop etc war stilbildend auch heute noch. In den Single-Charts gab es in den 70ern oder 80ern tatsächlich Rocksongs wie von Queen, Boston, Foreigner, Toto, Kiss, David Bowie, Alice Cooper, Neil Young, Yes, Genesis, Kate Bush, The Police, Dire Straits, Led Zeppelin, Pink Floyd, Deep Purple, Rainbow etc etc... In den Single-Charts!! Auch Led Zeppelin: "The Ocean"... Heute, anno 2020, schon seit vielen Jahren, nur noch Mainstream-Wegwerf-Ware! OK, dann wenigstens Album-Charts mit Rock, Pop... Dann schon!! Jaa!! Aber zu viel Deutscher Hip Hop. Da macht einer Nr. 1 - aber keine Sau kennt ihn... Platz 1 für 1 - 2 Wochen, dann Platz 15... Früher war mehr Lametta!

LAMETTA MIT GEFÜHLSMUSIK!! MIT ZEITLOSEN SONGS!! WENIGSTENS IN MEINEM HIRN, IN MEINER EWIGEN SEELE!! Telegraph Road (Dire Straits), We´re All Alone (Rita Coolidge), Blood On The Rooftops (Genesis), Time (Pink Floyd), Africa (Toto), Cowgirl In The Sand (Neil Young), Roxanne (Police), Nobody Does It Better (Carly Simon), Bahnhofskino (BAP), Wuthering Heights (Kate Bush), Highway Star (Deep Purple), Stairway To Heaven (Led Zeppelin), Aqualung (Jethro Tull), Forgotten Sons (Marillion), California (MMs Earthband), A Man I´ll Never Be (Boston), Hotel California (Eagles) etc etc!! SEELE!!

Warum The Dark Side Of The Moon (Pink Floyd 1973) seit 1976 mein Nr 1 Lebens-Album ist!!

Es ist eine Zeitreise aus längst vergangenen Zeiten

Es war doch erst - es war erst vor einer Sekunde

Vertraute PF-Gesichter aus dem Jahr 1973

Rick Wright war schon über die Regenbogenbrücke

Roger und David und Nick sind "uralt"

Durch Woke und political correctness hat

Roger Waters Konzerte-Boykotte (zumindest in D)

Modern Woke Times gegen alte graue Männer

Pink Floyd (vorallen Roger Waters) waren ihrer Zeit voraus

The Dark Side Of The Moon, Animals, The Wall

Ist auch 2023 total aktuell wegen Krieg, Machtmenschen, Walls

The Dark hatten bisher über 50 Millionen Alben verkauft

Ein Weltkulturerbe mit Philosophie-Texte und musique concrete

Aber durch culture cancel wegen Roger Waters ist aufeinmal

Pink Floyd weg

Reggae dürfen laut Woke nur JamaicanerXinnen

Also ohne Walking On The Moon von The Police?

Was 2023 ist, hatte The Dark und The Wall schon gemacht

Und ich hab bestimmt wieder facebook-Strafe wegen dem Wort

Woke, wegen Algorithmen

Es ist schlimmer wie bei uralten Science Fiction-Filmen

Ich war in der Handelsschule und es kam ein Englisch-Aushilfslehrer

In den 1970ern (heute unmöglich) war das so, mit Plattenspieler

TIME-Text plus Übersetzung und wir hatten diskutiert über TIME

Ein unglaublicher, geiler, philosophischer Text

Die Hälfte der Klasse (inkl ich) gingen danach zu Wertheim

Und kauften die Platte

The Dark Side Of The Moon ist EINS, alle Songs sind EINS ohne

Unterbrechungen, die LP/CD ist EIN Leben mit Herzschlag

Viele Freundinnen und Freunde waren auch fasziniert mit dieser LP

Das Album ist mein Lebensbegleiter mit vertrauten, ewigen Songs

Jetzt haben wir "50 Jahre The Dark Side Of The Moon"

Aber vielleicht ist in ca 20 Jahren nix, einfach nix - wegen Meinungsdiktatur

C P 23.02.2023 Gerd Steinkoenig Gerd F Steinkoenig Gerd Gerd

Fotos von mir, mit TIME-Text

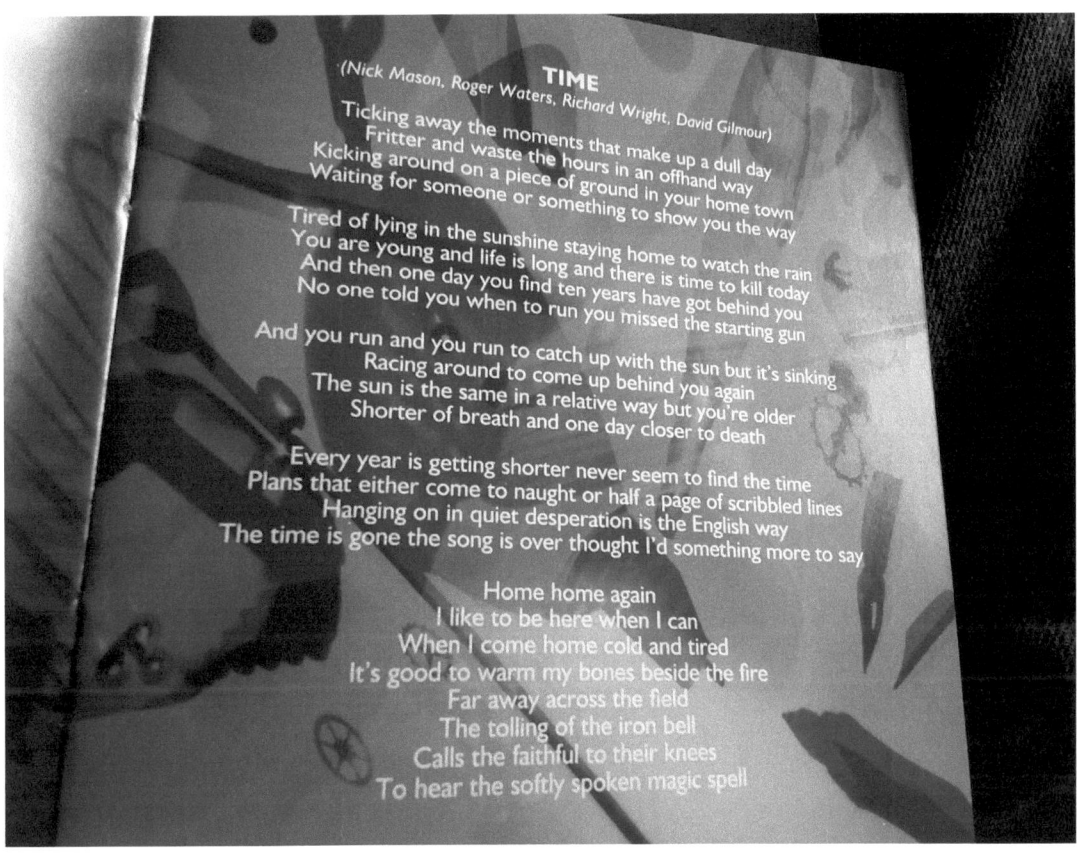

A DAY IN THE LIFE, TEIL SOUNDSO

Gerd Steinkoenig

3. März um 17:41 ·

Mit Deine Freunde geteilt

Geiler Freitag 03.03.2023 mit Landau in der Pfalz, ein Vogel, blauer Himmel, Genesis, The Warriors (Collage nach vielen Fotos).

DESINTERESSE

C P Gerd Steinkoenig 28.02.2023

Hab meine ISBN-Bücher (Privatbestellungen) geschenkt

Mit guten Leuten oder Idioten von Interesse (?)

Manche lesen richtig komplett

Andere überfliegen über die Bücher

Oder haben nur 3 Fotos gesehen

Weil sie kein Bock haben - wegen mir?!

DESINTERESSE

Früher in den 70ern, 80ern, 90ern

War ich Musikprofessor, ich wusste alles

Die Menschen haben keine Ahnung

Von der Musik im 21. Jahrhundert

Nur oberflächliche, uniformierte Mainstreammusik

Ich kann über Musik sprechen, aber nur Unwissen

Aus den fragenden Augen

DESINTERESSE

Ich kann kaum diskutieren über

Eclipsed März 2023

Rolling Stone März 2023

Unterschiedliche Musikmagazine

Progrock vs Rock & Pop

Bei beiden mit Pink Floyd (50 Years Dark Side)

Aber mit wem kann ich diskutieren

Es gibt gute Musikleute - siehe Musikmagazineinteresse

Natürlich hab ich tolle Menschen im Umfeld

Da kann man sich unterhalten

Aber ohne Musik

Ohne meine ISBN-Bücher

DESINTERESSE

DESINTERESSE

Fotos: Foto über ein Songzitat von Supper's Ready (habs

In 3 Pics, damit ihr es gut lesen könnt)

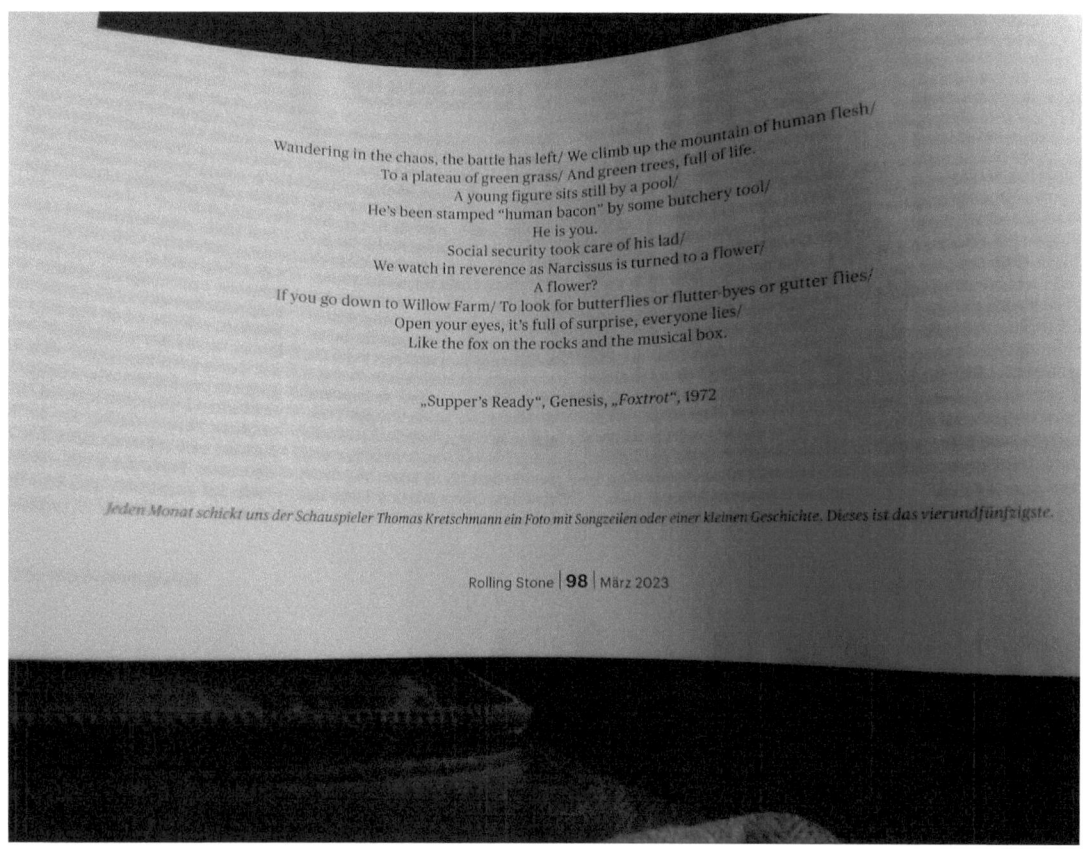

Wandering in the chaos, the battle has left/ We climb up the mountain of human flesh/
To a plateau of green grass/ And green trees, full of life.
A young figure sits still by a pool/
He's been stamped "human bacon" by some butchery tool/
He is you.
Social security took care of his lad/
We watch in reverence as Narcissus is turned to a flower/
A flower?
If you go down to Willow Farm/ To look for butterflies or flutter-byes or gutter flies/
Open your eyes, it's full of surprise, everyone lies/
Like the fox on the rocks and the musical box.

„Supper's Ready", Genesis, „*Foxtrot*", 1972

Jeden Monat schickt uns der Schauspieler Thomas Kretschmann ein Foto mit Songzeilen oder einer kleinen Geschichte. Dieses ist das vierundfünfzigste.

Rolling Stone | **98** | März 2023

MANTRA

C P 27.02.2023 Gerd Steinkoenig

Wiederholte Denkgespräche und Selbstgespräche

Mit Lebensregeln, Lebenswege, Lebensfreude

MANTRA

Kampf Mut Wlle Disziplin

Erwachsene Vernunft

Meine positive Energie(n) für meine positive Lösung(en)

MANTRA

Reinheit Gelassenheit Gesundheit

Autonomes Gehirn

Starker freier klarer reiner Geist

MANTRA

----

desweiteren am 07.03.2023: meine positive Gegenwart für meine positive Zukunft

Vergangenheit verabschieden

Keine Angst vor der Zukunft

Kein Selbstzweifel

Gottvertrauen

Demut

MEINE Glaubenssätze

MANTRA

KRAUTROCK, GENESIS, PINK FLOYD

KRAUT, EXPERIMENTE, IDEALISMUS

Gestern sah ich im WDR die ersten 2 Episoden der 6teiligen Dokumentation KRAUT UND RÜBEN, ein Zeitzeugnis über die Anfänge Deutscher Rockmusik (in England Krautrock getauft).

Was mir gestern bei den ersten 2 Episoden frappierend auffiel: Vieles was heute als Gedankenerfindungen von Neugeistern, Spirituellen, Lebensbildergurus gilt, wurde in den 1970ern schon GELEBT! Die Musik war je nach Genre voll Experimente, Idealismus, Politik, Weltveränderungswille. Und auf Kommerz wurde geschissen, das ist ja Kapitalismus. Systemverweigerung war für viele der Weg. Ougenweide spielten auf Originalinstrumenten Lieder von Walter von der Vogelweide. Erst mit Udo Lindenberg erhielt der Kommerz Einzug. Kraftwerk, Can, Scorpions und Tangerine Dream feierten im Ausland Erfolge.

Ton Steine Scherben lebten kapitalistenfrei auf einem Bauernhof um da zusammen zu leben, zu teilen, zu musizieren. Floh de Cologne fassten in ihren Texten ihre Meinungen zu politischen Geschehnissen zusammen: Lucky Streik. Vor einem Konzert wurde bei vielen erstmal gekifft: eine Band hieß nicht umsonst Bröselmaschine. Und das Fernsehen wird nicht erst seit facebook-Zeiten gedisst: Anfang der 1970er z.B. kritisierte ein TSS-Musiker in einer Talkshow erst das TV-Medium, um dann mit einem Vorschlaghammer den Tisch zu malätrieren. Kleine Eindrücke aus den ersten 2 Episoden. Schaut bei you tube mal rein: Kraut und Rüben!

Die Gnade der frühen Geburt: ich durfte wenigstens stellenweise dieses Feeling des Lebens erfahren: z.B. Pennen und Teilen nach einem Abend im "Smile" oder "Thing" in Wohngemeinschaften, der Besuch von 3 Tage- Umsonst und Draußen-Festivals (unsere Woodstocks), echte Arbeitnehmerrechte usw.

Heute regiert Kommerz, Industrie, politikfreier AngeberHipHop usw, Rudi Dutschke und Rio Reiser sind auch schon lange tot, daher als Fazit folgender Song, schon damals die Erkenntnis: "Der Traum ist aus".

Schrift war ca 2013 ider 2014, meine Gnade der frühen Geburt war Ende 1970er, bis ca 1986

BBC Broadcasts

CD1		CD2		CD3		CD4	
	Night Ride (1970)		*Knebworth (1978)*		*Lyceum (1980) [Cont]*		*Wembley (1987) [Cont]*
01	Shepherd	01	Squonk	01	Say It's Alright Joe	01	That's All
02	Pacidy	02	Burning Rope	02	The Lady Lies	02	The Brazilian
03	Let Us Now Make Love	03	Dance On A Volcano	03	Ripples	03	Throwing It All Away
		04	Drum Duet	04	In The Cage	04	Home By The Sea
	Paris (1972)	05	Los Endos	05	The Raven	05	Second Home By The Sea
04	Fountain Of Salmacis			06	Afterglow	06	Invisible Touch
05	The Musical Box		*Lyceum (1980)*	07	Follow You, Follow Me	07	Drum Duet
		06	Deep In The Motherlode	08	I Know What I Like	08	Los Endos
	Sound Of The 70s (1971)	07	Dancing With The		(In Your Wardrobe)		
06	Stagnation		Moonlit Knight	09	The Knife		*NEC (1998)*
		08	The Carpet Crawlers			09	Not About Us
	Sound Of The 70s (1972)	09	One For The Vine		*Wembley (1987)*	10	Dividing Line
07	Harlequin	10	Behind The Lines	10	Mama		
		11	Duchess	11	Domino		CD5
	Top Gear (1972)	12	Guide Vocal				
08	Get 'Em Out By Friday	13	Turn It On Again				*Knebworth (1992)*
		14	Duke's Travels			01	No Son Of Mine
	Sound Of The 70s (1972)	15	Duke's End			02	Driving The Last Spike
09	Harold The Barrel					03	Old Medley
						04	Fading Lights
	Top Gear (1972)					05	Hold On My Heart
10	Twilight Alehouse					06	I Can't Dance
	Wembley Arena (1975)						
11	Watcher Of The Skies						

EMI BBC UMC

6 02435 68641 7

Eine liebevolle 5 CD-Live-Box mit Genesis (3. März 2023). Legendär, melabcholisch, nostalgisch mit "Lyceum 1980), MEIN Konzert 1987 (natürlich nicht Wembley sondern Mannheim 1987). War leider nicht auf BBC: kein Supper´s Ready, kein Firfth Of Fifth, kein Cinema Show. CD 1 singt Peter Gabriel, auf CD 4 Track 09 und 10 singt Ray Wilson, der Rest performed Phil Collins. Ach ja, Supper´s Ready oder Firfth Of Fifth hab ich bei den Alben

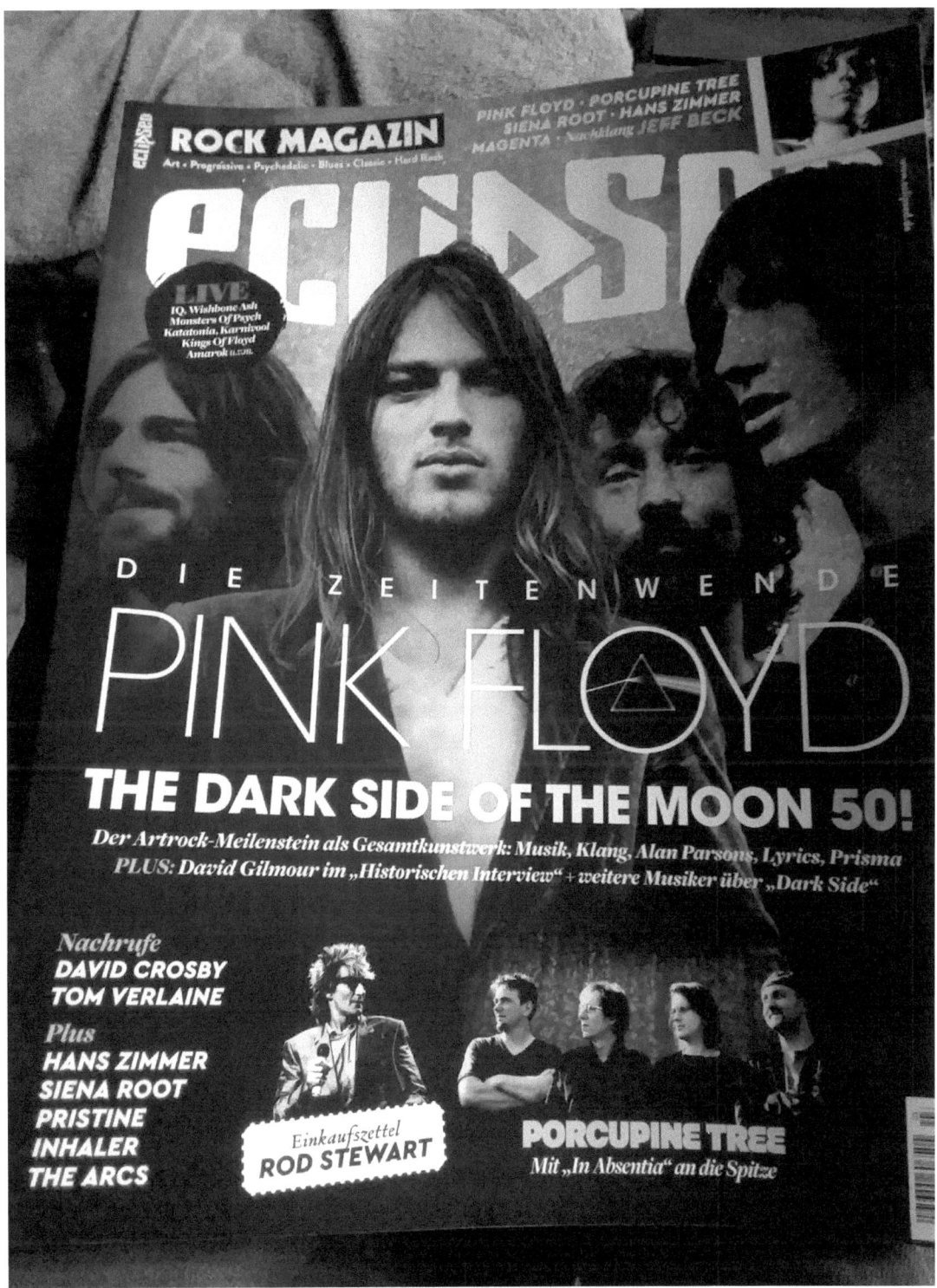

Mein Leib- und Magen-Album The Dark Side Of The Moon!! So vertraut von früher aus den 1970ern... Da steht David Gilmour, der Langhaarige... Jetzt ist David 77... Viele Helden sind um die 80... Ist ja logisch - ich bin schließlich 63... Siehe dazu vorher im Buch: "Desinteresse" und warum The Dark Side Of The Moon mein Lieblingsalbum ist!

LEBEN, FOTOS UND SO

BROS. M5-3079 (Import), CD: Warner Bros. 256 404 ... Bros. 56 404, CAS: Warner

THE RAMONES: «The Ramones Leave Home», LP: Sire SR-6031 (Import), CAS: Sire M5-6031 (Import), CD: NA

SEX PISTOLS: «Never Mind the Bollocks Here's the Sex Pistols», LP: Virgin 25 593-270, CAS: Warner Bros. M5-3147 (Import), CD: Virginia 610 419-217

1978

BUSH, KATE: «The Kick Inside», LP: EMI 038-157656 1, CAS: EMI 238-1576564, CD: EMI America CDP-46012 (Import)

BUZZCOCKS: «Another Music in a Different Kitchen», LP: NA, CAS: NA, CD: EMI 538-7 90299 2

CHIC: «C'est Chic», LP: Atlantic 50 549 (NA), CAS: NA, CD: NA

CHILTON, ALEX: «Sister Lover», LP: NA, CAS: NA, CD: NA

DIRE STRAITS: «Dire Straits», LP: Vertigo (PolyGram) 6360 162, CAS: Vertigo 7150 109, CD: Vertigo 800 050-2

JOHNSON, LINTOWN KWESI: «Dread Beat and Blood», LP: Heartbeat HB-01 (Import), CAS: Heartbeat CHB-01 (Import), CD: NA

LOWE, NICK: «Jesus of Cool», LP: Radar (WEA) 456 466, CAS: Columbia PCT-35329 (Import; US-Titel: «Pure Pop for Now People»), CD: NA

PERE UBU: «Dub Housing», LP: Chrysalis CHR 1207 (NA), CAS: NA, CD: NA

PERE UBU: «The Modern Dance», LP: Mercury 910052 (NA), CAS: NA, CD: NA

VAN HALEN: «Van Halen», LP: Warner Bros. 56470, CAS: Warner Bros. M5-3075 (Import), CD: Warner Bros. 256470

1979

THE CLASH: «London Calling», LP: CBS 88478 (Doppelalbum), (AS: Epic ... PCT 36 328 (Import)

aus dem Rowohlt-Rocklexikon von Siegfried Schmidt-Joos und Barry Graves (1990)

14

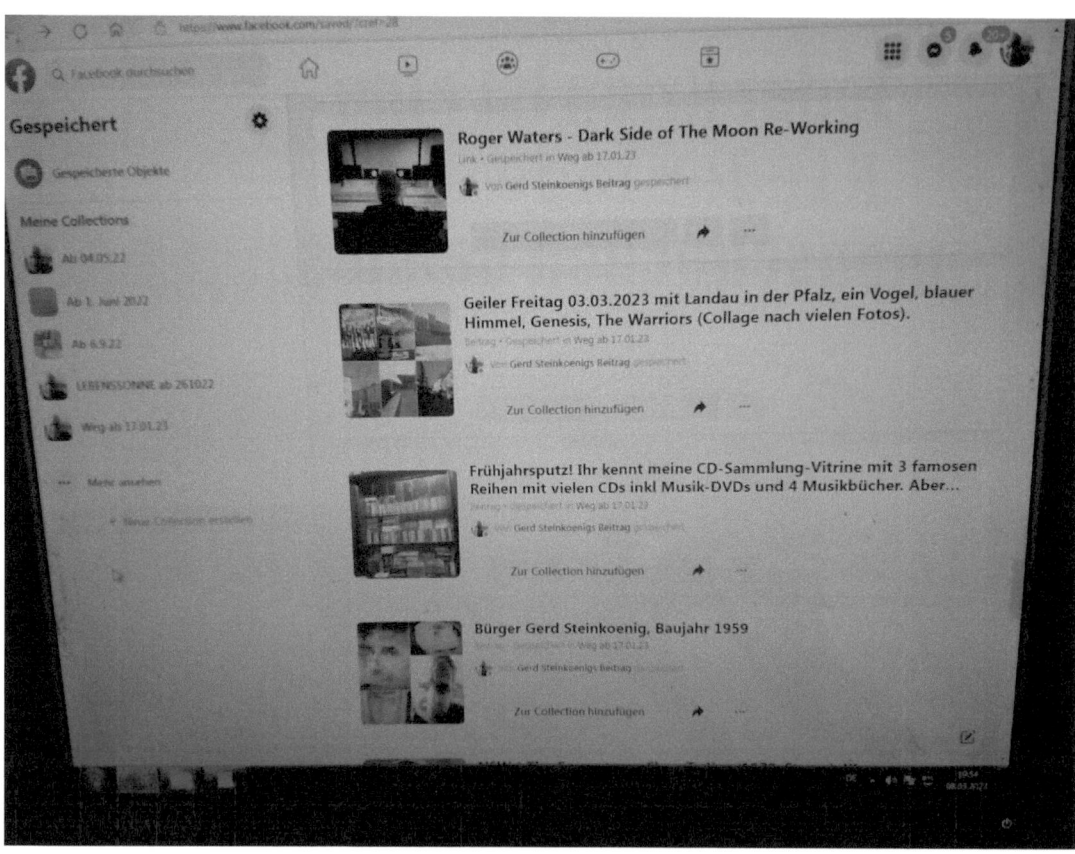

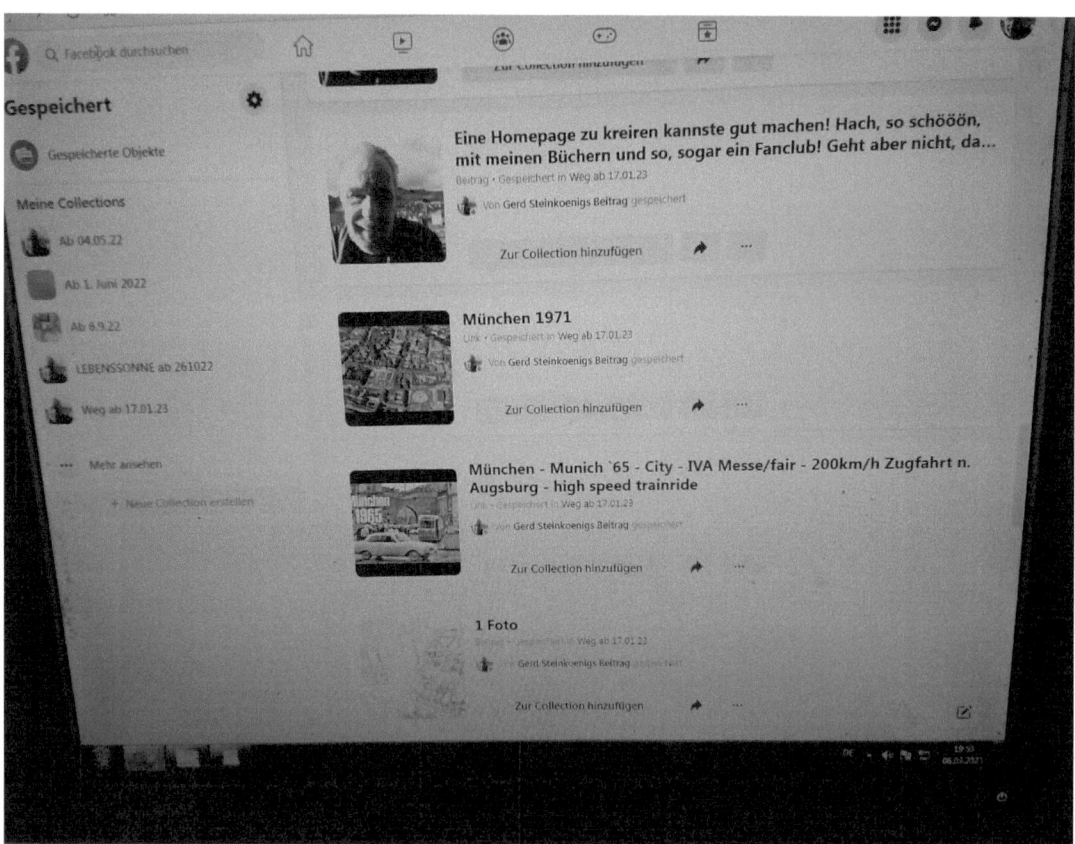

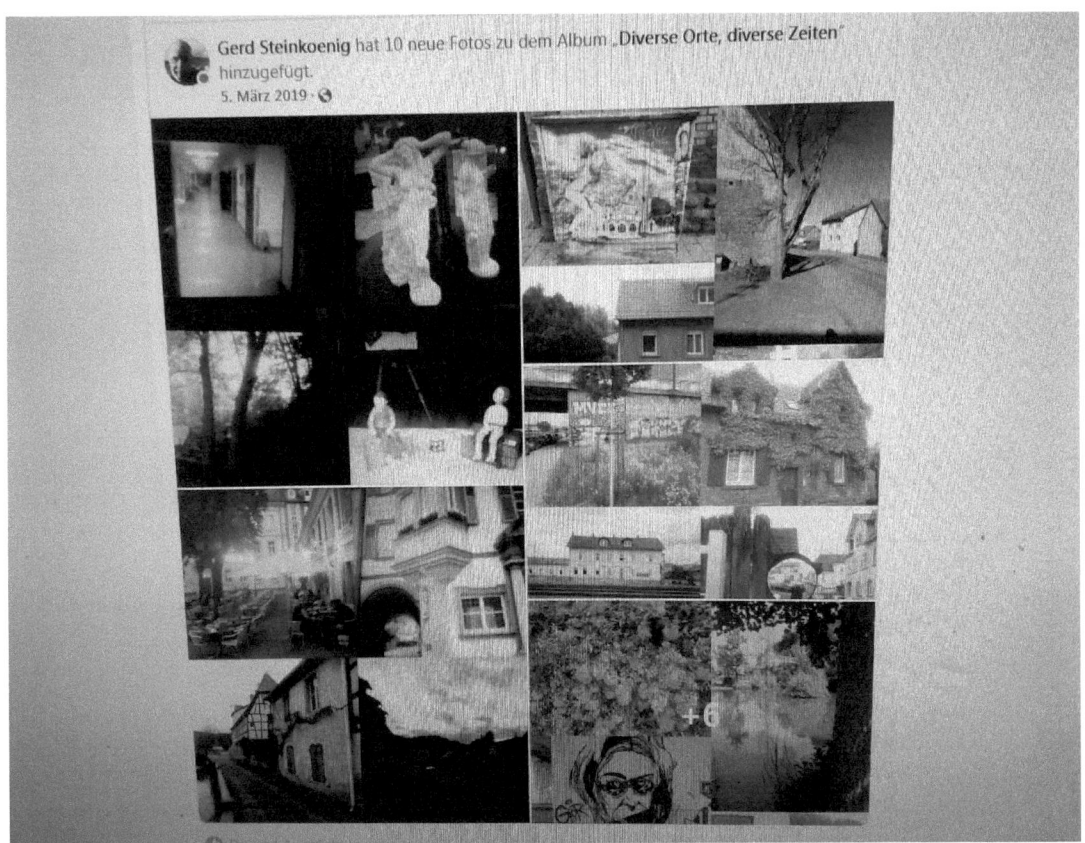

Die "Diverse Orte"-Collage hat viele Collagen in sich! Zeiten von ca 2015 bis 2019! Mit Alzey-Klinik, Bad Bergzabern, Kaiserslautern, Landau in der Pfalz, Annweiler am Trifels! Und ich glaube, es war auch Schwedelbach (rechtsaußen oben). "Nur" in ca 5 Jahren mit KL (ca 2015 kurz vor dem Umzug nach Annweiler), Alzey-Klinik (2017 oben linksaußen - 2 Shots, mit Schlaganfall), neben Alzey kommt Bad Bergzabern (3 Shots): nach der Alzey-Klinik zur Bergzabern-Klinik und am Wochende immer viel gelaufen und fotografiert in Bergzabern. Leider verschollen von Alzey und Bad Bergzabern mit meinen Fotos (neben meinen Kritzeleien - ich war ja "naturstoned" wegen dem Schlaganfall - hatte ich ca 300 (!!) Fotos fotografiert!

Unbewusst hatte ich oft dokumentiert, erst später hatte ich bemerkt: das ist weg, neu gemacht etc. Das gelbe Althaus (neben dem 3. Bergzabern-Shot) ist mittlerwele abgerissen - neue Häuser gebaut. Gerade in Annweiler hab ich viele Zeitfacetten bemerkt. Als Beispiel: 2015 war es eine große Pfütze bzw im Winter ein "Eisstadion" - jetzt ist es ein "kleines Dorf" mit neuen, weißen Häusern. Fortschritt ist schnell: Annweiler hat viele, geile, alte Häuser - aber immer mehr weiße, uniformierte neue Häuser...

NEW * The Carpenters - Close To You (1970, Stereo) 4K

Karen Carpenter ist eine der unterschätzesten Sängerinnen!! OK, es ist "Ice Cream-Music", aber sie hat die fühligste, melancholischste, zeitloseste Stimme! Es gibt Zeitoasen, das war, aber es ist bei 99 % vergessen - vielleicht mehr durch you tube... Es ist sorgenfrei, happy, diese ultrageile Stimme, The Carpenters!! Als die USA noch geil war...

Meine 70er Jahre-SWF 3-Legende (Pop-Shop) Frank Laufenberg:

Frank Laufenberg

Favoriten · 28. Februar um 15:57 ·

Der grüne Morgenthau

Noch vor dem Sieg der Alliierten legte der damalige US-amerikanische Finanzminister Henry Morgenthau einen Plan vor, der Deutschland nach dem verlorenen Krieg in einen Agrarstaat umwandeln sollte. Das sollte langfristig verhindern, dass Deutschland je wieder einen Angriffskrieg führen könne. Wie wir inzwischen wissen, wurde der so genannte 'Morgenthau-Plan' vom August 1944 nicht ausgeführt. Wenn unsere derzeitige Regierung so weitermacht wie in ihrem ersten Jahr, kann er vielleicht doch noch Wirklichkeit werden. Ford baut Stellen ab, BASF verlagert Produktionen ins Ausland, Biontech zieht es wegen zunehmender Bürokratie für die Krebsforschung nach England. Und das ist nur der Anfang! Und so werden wir langsam, aber sicher der Agrarstaat, den sich Morgenthau vorstellte. Der Wirtschaftsstandort Deutschland schafft sich selbst ab! Dann ist 'Wirtschaftsstandort' nur noch die Kneipe umme Ecke!

"WER **DIE** GRÜNEN WÄHLT, DER WIRD SICH SPÄTER MAL **BITTERSTE VORWÜRFE** MACHEN."

HELMUT SCHMIDT

• BUNDESKANZLER DER BRD •
IN EINEM INTERVIEW 1980

KEKEMEMES.DE

Das ist eben im Leben: ich war 1983 mit dabei (natürlich als Wähler) mit dem Ersteinzug zum Bundestag der Grünen! Das war - damals - total richtig. Es war Idealismus mit "meinen Kumpels", sie liefen rum wie meine "Studenten"kneipen-Kumpels mit langen Haaren und Jeans/Strickpullover und lange Bärte. Und die Frauen hatten gestrickt - im Bundestag!! 2023 sind die Grünen leider deplaziert in einem anderen Planeten. Aber wenn ich drandenke: 1983 war erst vor 40 Jahren mit echtem Idealismus und Basisdemokratie! Heute haste nur noch uniformierte Woke-Scheiße!! Ach ja: Schmidt hatte recht...

NOCHMAL FOTOS FOTOS FOTOS

seht bei meinen über 40 Büchern mit diversen Fotos, inkl 2 Fotobände!! Und nun weitere Fotos = Zeitgeschehen, Lebensgeschichte... Mit Arztbefund, Annweiler, Musik, Sophie Scholl, moi Katzemäädsche, Walls of Life etc.

3 Fotos aus meinem neuen Buch!! Es ist der 3. Teil meiner Leben-Trilogie! Es ist irgendwie lustig: wenn ich Fortsetzung mache immer 3 - Blood On The Rooftops Trilogie, Danach Trilogie und nun meine 3 Leben-Bücher... Bin gerade mittendrin mit Mantra bis Mond bis Karen Carpenter...

Barbara v. L.

Ich bewundere es, wie du dein Leben immer wieder in neue Texte und geschichtliche und musikalische Ereignisse zusammenfasst! Prima!

Gerd Steinkoenig

25. Februar 2021 ·

Mit Öffentlich geteilt

ZEITREISE Iljas Disco... Hatte ja heute 3 Yt Posts von der ZDF Disco aus den 70ern... Da ist eine Sendung von Disco 1976 vom Juli! In diesem Jahr war Jahrhundertsommer und in Rodenbach war die 1. Schwimmbadsaison. 2 Dörfer weiter - ich war ja in Schwedelbach. Zwischen Handelsschule und Lehre hatte ich über 4 Monate frei! Also, DIESE Sendung hatte bestimmt nicht gesehen... Überhaupt später in der Lehre: z.B. 1. Discos wie Old Vienna und KL2000 mit You Should Be Dancing... Disco 73 war im März. Diese Sendung hab ich bestimmt gesehen.. 73 war ZDF Hitparade, Disco und Musikladen... Mit Sweet, Bernd Clüver, Marianne Rosenberg, Suzi Quatro... Disco 75 ist im1. Song 5000 Volts mit I' m on Fire. Kennt heutzutage keine Sau... Erinnerungen nur wegen 3 Sendungen...

WALLS OF LIFE (by Gerd Steinkoenig) 25.02.2023

TRUE RICHES ARE NOT MEASURED BY WHAT WE HAVE, BUT BY WHAT WE GIVE..

22.02.1943: So ein herrlicher, sonniger Tag, und ich soll gehen. Was liegt an meinem Tod, wenn durch unser Handeln Tausende von Menschen aufgerüttelt und geweckt werden.
<u>Sophie Scholl</u>
<u>1921-1943</u>

DEUTSCHLAND

80

2021

Sophie Scholl ist meine Heldin! Ich weiß es schon lange aus der Kindheit, weil ich in die Geschwister Shcoll-Schule (KL) kam. Später durch meine Klassenlehrerin in Weilerbach (war sehr positiv politisch - für meinen Vater natürlich nicht...) und mein Interesse über das Dritte Reich (denn im Fach Geschichte ging es bis zur Weimarer Republik - nichts weiter... Die coolen 70er, yeah, auch in den Schulen, aber Hitler in den Schulen waren verpönt!!). 2018 hatte ich ein Buch über Sophie Scholl (Vinz-Krankenhaus Landau, Wirbelbruch-OP) von einer Nonne. Hatte das Buch geklaut (ja, ich weiß, war schließlich eine Nonne), aber diese Texte mit Sophie!!!! Tja, das Buch wurde wieder geklaut - von einem stupiden Helfer von Mrs P (Bücher von mir-Insider wissen Bescheid über Mrs P...). Irgendwie hat Gott dies gemanagt!

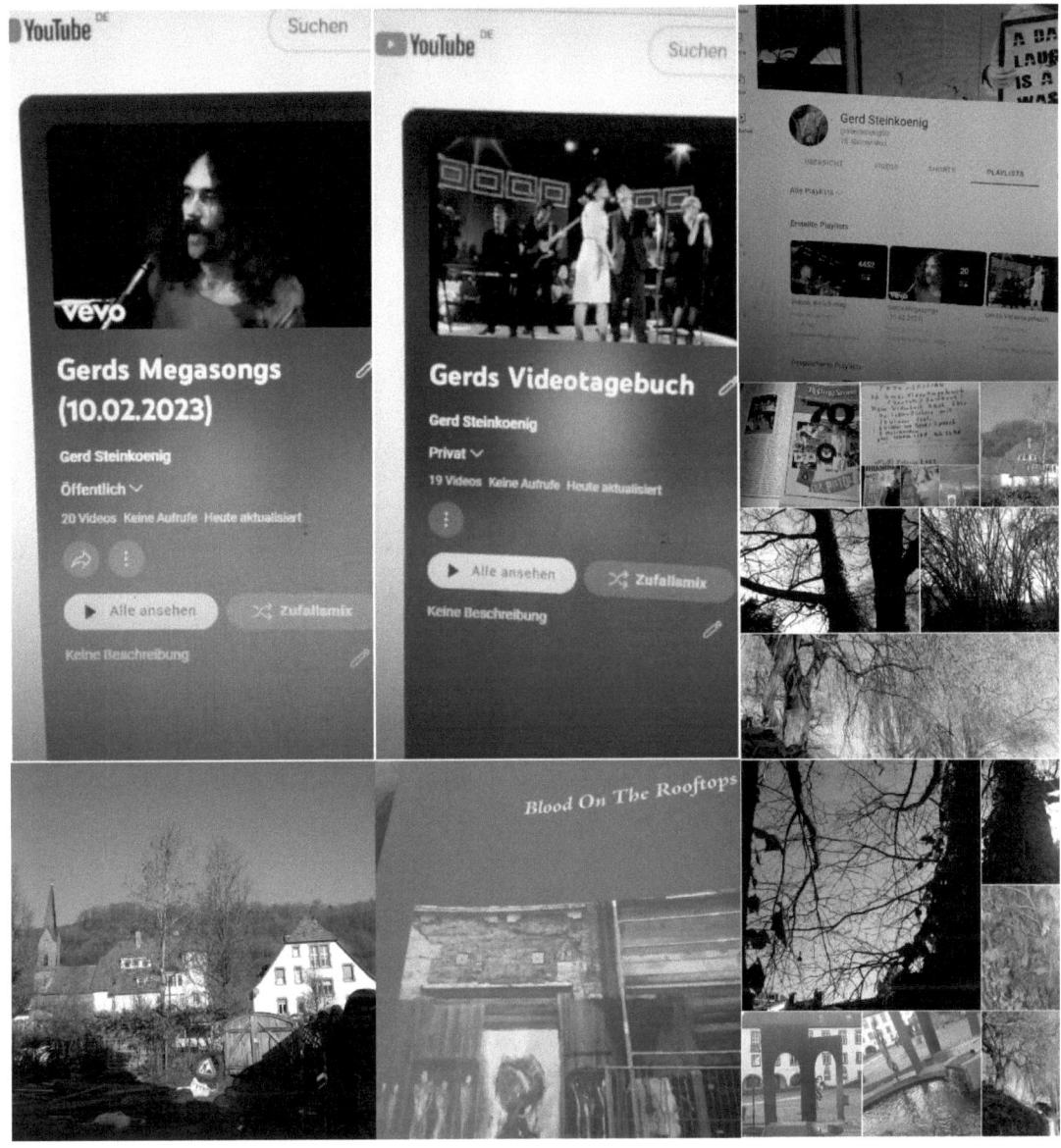

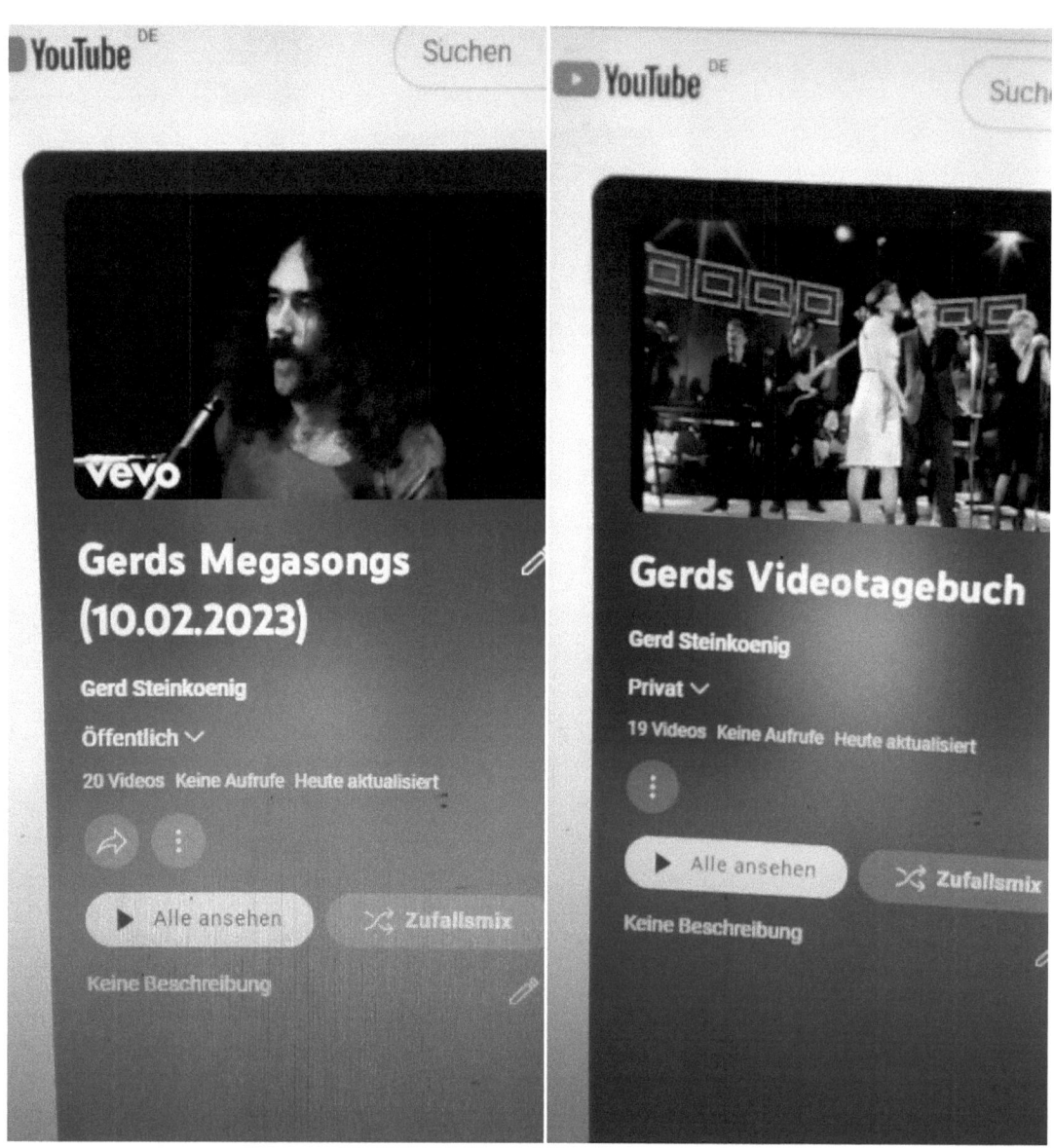

Classic Hollywood | Los Angeles Times

14. Februar 2014 ·

Ingrid Bergman and Humphrey Bogart in a scene from "Casablanca" courtesy of American Cinematheque.

CASABLANCA!! MEIN LEBENSFILM!! UND: Das Schweigen der Lämmer (Jodie Foster!!), Wenn die Gondeln Trauer tragen, Shining, 2001 - Osysee im Weltraum, Spiel mir das Lied vom Tod, Das indische Tuch, Knockin´On Heavens Door, Citizen Kane, Himmel ohne Sterne,

Der Malteser Falke, Hatari, Beverly Hills Cop, Rocky, Lautlos im Weltraum, The Warriors, Manche mögens heiß, Die Vögel, Marnie, Skyfall, Convoy und und und....

2018, der Autor und moi Katzemäädsche Molly (2005 - 2021) - in vielen Büchern von mir ist Molly dabei (inkl Titelbilder)...

Speaking of Dogs

Wenigstens hab ich noch ein paar Vinyl-Singles...

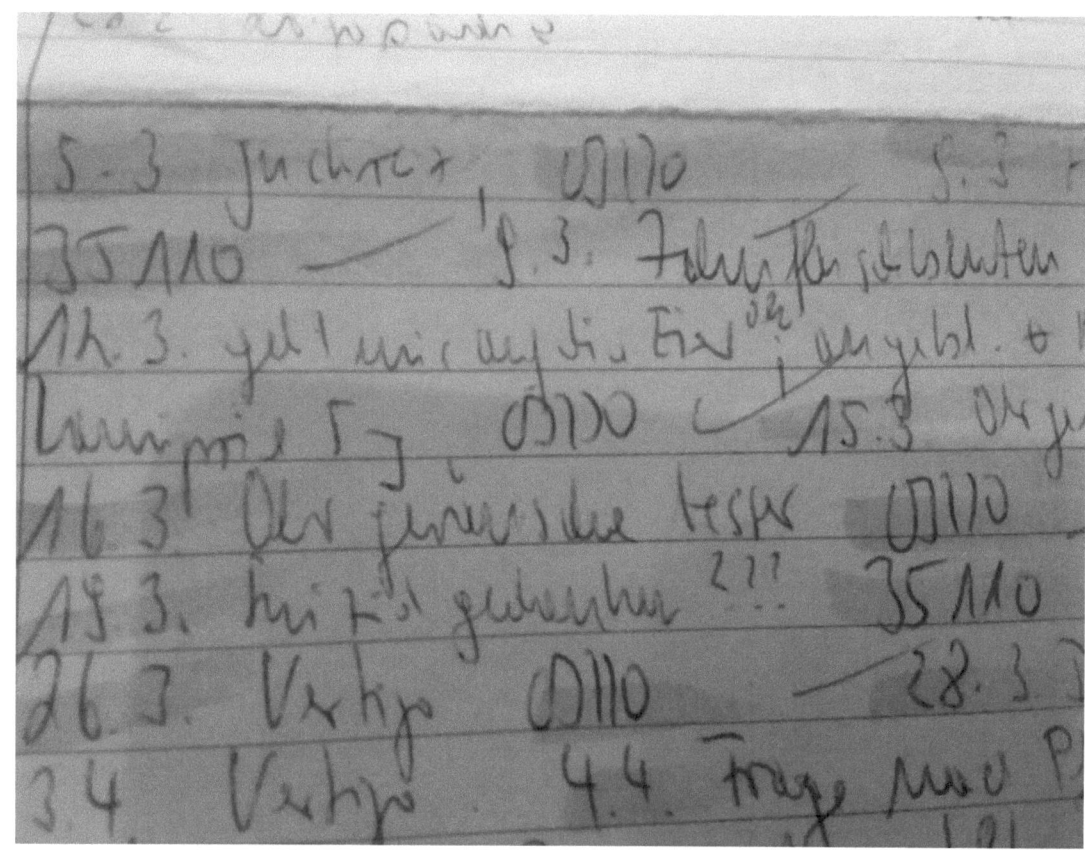

Von meinem Leibarzt (R.I.P.)

... Wirbelsäule ... Lordose. Schulterhochstand links. Keine peripheren Ödeme.

Neurologischer Befund:
Kein Meningismus, kein Kalottenklopfschmerz. Narbe frei, Pupillen isokor mit seitengleicher Lichtreaktion. Lidspalten rechts > links, Okulomotorik regelrecht, kein Nystagmus. Fazialisschwäche rechts, keine Zungendeviation, Gaumensegel mittig, seitengleich hebend. Muskulatur normoton, rechtsseitige Hemiparese mit KG in den rechten Extremitäten 3-4/5. Muskeleigenreflexe seitengleich auslösbar. Keine pathologischen Reflexe. Keine Kloni. Sensibilität für Ästhesie unauffällig. Finger-Nase-Versuch rechts leicht dysmetrisch. Dysdiadochokinese bds. Romberg-Stehversuch unsicher. Gang ist breitbasig unsicher mit fehlender Pendelbewegung im rechten Arm. Einbeinstand bds. unsicher. Expressiv betonte Aphasie, Dysarthrie.

Psychopathologischer Befund:
Der Patient ist wach, allseits orientiert. Antrieb wirkt leicht verlangsamt, Stimmung indifferent, emotionale Schwingungsfähigkeit verflacht, im formalen Denken verlangsamt. Kein Hinweis auf inhaltliche Denkstörung, kein Wahn oder Halluzinationen. Konzentration und Merkfähigkeit wirken reduziert. Gedächtnis ist nicht gestört.

Rehabilitationsziele:
Patientin:
Der Patient möchte Sprachfunktion verbessern und damit besser seine Wünsche und Gedanken äußern, seine Kommunikation verbessern.

Arzt/Team:

Durch meinen Schlaganfall 2017 (Ausschnitt)

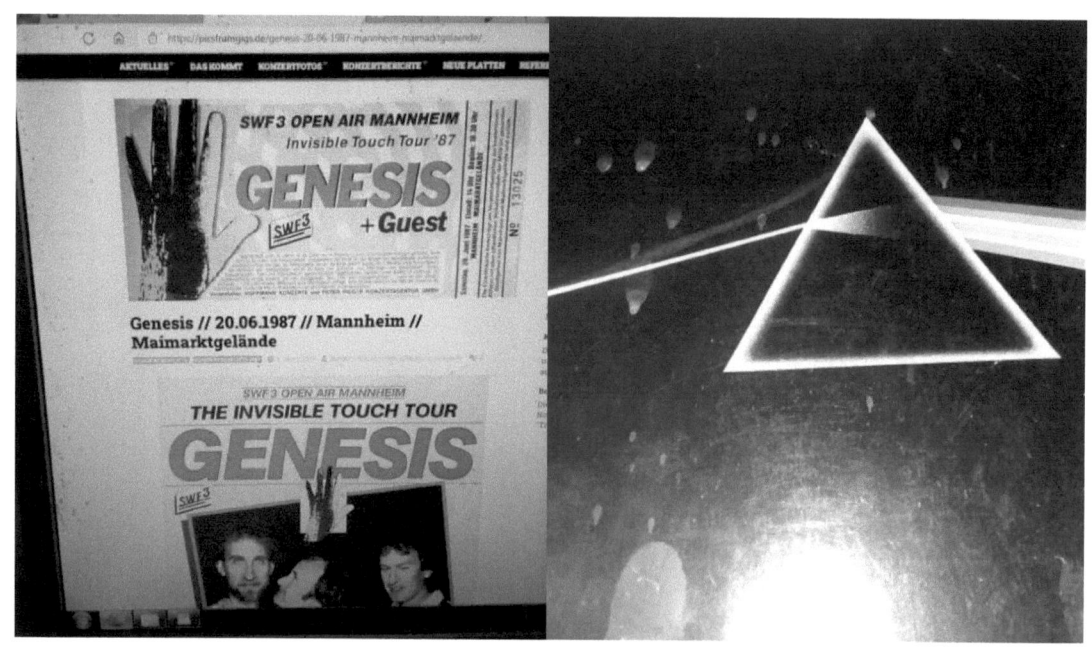

Straßenfeger

Graf Yoster gib sich die Ehre

Die unvergessene Kultserie um den adligen Hobby-Detektiv und seinen treuen Chauffeur begeistert zehn Jahre lang die Zuschauer

MEINE STARS VON DAMALS

Der Graf will eine Entführung aufklären. Dazu analysiert er erst einmal genau das Entführer-Schreiben

Meine letzten 6 Fotos... Von Annweiler am Trifels und Landau in der Pfalz (2023) - und Graf Yoster gibt sich die Ehre!! Ein MUSS in meiner Kindheit!! Von 1967 bis 1971. Ich bin Serienfreak von der Kindheit bis heute... OK, man kann nicht mehr so wegen "1000" Streaming-Dienste! Ich hatte viele Versuche alle gute TV-Serien von meinen Büchern zu dokumentieren - Irgendwie bei diversen Büchern doch Serien vergessen... Mein Who Is Who (bestimmt wieder vergessen) ist/war Daktari, Rauchende Colts, Flipper, Der Kommissar (1969 - 1976), Columbo, Einsatz in Manhattan (Kojak), Die Straßen von San Francisko, Miami Vice (meine ewige Nr 1!), Dallas, Denver-Clan, Akte X, Twin Peaks, CSI-Serien, Navi:CIS, Law & Order-Serien, Sons of Anarchy und viele viele weitere Serien, wie z.B. Derrick, Der Alte, Tatort Schimanski, Tatort Münster (Liefers/Prahl), Rosaenne, King of Queens, Inspektor Barneby, Die Profis, Starsky & Hutch, Star Trek-Serien, Doctor Who, Familie Feuerstein, The Simpsons, Mit Schirm Charme und Melone, Boston Legal, Miss Fisher und und und und....

NACHWORT

Meine über 40 Bücher = EIN Buch!! ein roter Faden! Ich hoffe, es ist mein letztes Buch, laaach... Ich hatte eine "neue Version" mit Molly, Genesis, bisschen Best of zu weiteren ISBN-Books von mir, Schlaganfall, The Dark Side Of The Moon, Lebensphilosophie, Mantra, Graf Yoster....

C P Gerd Steinkoenig (Lebenssonne Gerd) 09. März 2023

© 2023 Gerd Steinkoenig
Herstellung und Verlag: BoD – Books
on Demand, Norderstedt
ISBN: 9783749428151